Alexandra Cordes-Gutn

Gute Gedanken für den Tag – Band 3

In Fülle leben

Tagestexte für Juli - September

2. Auflage 2025

© 2021 Alexandra Cordes-Guth
https;//alexandracordes-guth.de
mail@alexandracordes-guth.de

Verlag: BoD · Books on Demand GmbH, Überseering 33,
22297 Hamburg, bod@bod.de
Druck: Libri Plureos GmbH, Friedensallee 273, 22763 Hamburg
ISBN: 978-3-7543-9770-1

Covergestaltung: Wolkenart – Marie-Katharina Becker
www.wolkenart.com
Autorenfoto: Lisa Berger

Dieses Buch ist auch als E-Book erhältlich.

Die Gedanken, mit denen wir morgens in den Tag gehen bestimmen darüber, welche Energie uns durch unser Leben begleitet. Das beweisen inzwischen auch die Forschungsergebnisse der Neurobiologie. Deshalb ist es wichtig, mit guten Gedanken in den Tag zu gehen, sie schon morgens ganz bewusst einzuladen und sich auf sie auszurichten.

Mit diesen Tagestexten kannst du deinen Gedanken jeden Morgen eine gute Richtung geben, dich selbst an die Hand nehmen und freundlich und wertschätzend begleiten.

Die Textimpulse sind wie kleine Coachingeinheiten, die zum Nachdenken und Reflektieren einladen. Und sie unterstützen dich dabei, neue Wege und Perspektiven auszuprobieren, die frischen Wind in dein Leben bringen.

Lade jeden Morgen gute Gedanken zu dir ein und du wirst schon bald erleben, wie sich die positive Energie ihren Weg in dein Leben bahnt. Es gibt für jedes Quartal im Jahr einen Band mit Tagestexten, die dich durch die Monate und Jahreszeiten begleiten.

Alexandra Cordes-Guth ist Coach, Therapeutin und Autorin. Sie unterstützt Menschen, die sich mit ihren eigenen Selbstzweifeln im Weg stehen dabei, ihre Stärken und Potenziale zu entdecken und ein gesundes und starkes Selbstbewusstsein zu entwickeln, damit sie ihre Herzensziele in die Welt bringen können. Und: Sie begleitet Menschen auf dem Weg zu einer wunderbaren Freundschaft mit sich selbst.

www.alexandracordes-guth.de

Für Andreas und Amanda.
Die beiden Glückssterne in meinem Leben.

Juli

1. <u>Juli</u>

Sich selbst die Dinge zu vergeben, für die man sich verurteilt – das ist die Brücke zu Mitgefühl und Heilung.

Dann kann man auch die Verantwortung für das übernehmen, was nicht gut war, wo man einen Fehler gemacht hat.

Und muss nicht länger gegen die eigenen blinden Flecken kämpfen, sondern kann sich mit allem, was man ist, annehmen. Und neue Schritte gehen.

2. <u>Juli</u>

Der Verstand glaubt, dass das Leben eine Rechenaufgabe ist. Und denkt: Wenn wir die richtigen Schritte machen, dann kommt auch das richtige Ergebnis heraus.

Das Herz weiß: Das Leben ist ein Erfahrungsweg mit Höhen und Tiefen. Und kein Schritt auf unserem Weg ist vergebens. Jeder führt uns an unser Ziel. Zu uns selbst.

3. Juli

Ganz eintauchen in den Glücksmoment, der sich wie eine zarte Blüte sanft entfaltet. Ihn nicht festhalten wollen. Nur staunen und sich der Freude des Augenblicks hingeben.

4. Juli

Je mehr wir das Alleinsein als Begegnung mit uns selbst schätzen können, desto freier und absichtsloser begegnen wir anderen Menschen.

Entdecken dabei eine Unabhängigkeit in uns, die Weite und Vertrauen schenkt.

5. Juli

Es ist eine schöne und kraftvolle Vorstellung,
sich selbst zu verwurzeln.

Wurzeln aus den Füßen bis in die Erde
wachsen zu lassen und sich selbst Halt zu
geben.

Aber gleichzeitig biegsam und flexibel zu
sein und sich dem entgegenzustrecken, was
zu uns will.

6. <u>Juli</u>

Beziehungen bleiben nur lebendig, wenn sie in Bewegung sind.

Manchmal kommen wir uns ganz nahe, berühren uns bis ins Innerste. Dann gibt es Zeiten des Rückzugs und der Entfernung.

Nicht festhalten wollen. Einfach fließen lassen. Und darauf vertrauen, dass alles Lebendige zwischen dir und dem Menschen, der dir wichtig ist, wiederkommt.

7. Juli

Lass dich überraschen, wenn dir Unbekanntes begegnet. Erkenne darin, wie viel in dir noch darauf wartet, entdeckt zu werden.

Gib dich nicht mit zufrieden mit dem Gefühl von scheinbarer Sicherheit und lähmender Ruhe. Lass deine Welt immer größer werden.

Wage Neues, wechsle die Perspektive, lass dich inspirieren. Und entdecke, wer du wirklich bist.

8. Juli

Wenn ein Mensch von sich erzählt und mein Herz tief berührt, dann begegne ich seinem inneren Kind. Dem lebendigen Teil in ihm.

Es reicht mir die Hand, schaut mich an und atmet auf. Gesehen werden, da sein dürfen. Seine Wahrheit aussprechen können. Das ist alles, was es braucht, um Heimat in der Welt zu finden.

Dann geschieht Heilung und Wachstum in Herz und Seele.

9. Juli

Manchmal entdecken wir, dass die Freude in uns und um uns nicht mehr da ist. Einfach erloschen unter den vielen Pflichten und Sorgen.

Dann ist es Zeit zum Innehalten, um die Freude mit einem Flügelschlag des Herzens wieder willkommen zu heißen.

Wie kannst du heute ganz bewusst die Freude in deinen Tag einladen?

10. Juli

Immer mehr versuche ich mich in Gelassenheit zu üben, wenn ich Dinge nicht ändern kann.

Und es gelingt mir zum Glück immer besser. Weil ich mich lieber auf das konzentriere, was mir guttut, was an Fülle da ist.

Und ich werde immer mutiger darin, meinen Weg zu gehen, Dinge auszuprobieren, Fehler zu machen, unperfekt zu sein.

Wie findest du für dich die richtige Mischung aus Gelassenheit und Mut?

11. <u>Juli</u>

In jedem Menschen leuchtet ein inneres Licht. Manchmal können wir es sehen. Wenn wir Mitgefühl empfinden. Oder uns in einem Gespräch mit einem anderen Menschen verbunden fühlen.

Auch andere können dein Licht leuchten sehen. Wenn du deine Gefühle fließen lässt, authentisch bist und dein Herz öffnest.

Schaue einen Atemzug lang freundlich auf dich selbst – dann kannst du dein wunderbares inneres Licht in dir leuchten sehen.

12. Juli

Manchmal ist das Leben wie ein nie endender Sommertag. Voller Freude, Lachen und Leichtigkeit.

Dann ist es gut, nicht darüber nachzudenken, wann der Herbst kommen wird.

Sondern all die hellen Momente in sich aufzunehmen, sie zu verankern und sie an dunklen Tagen wieder aus sich herausleuchten zu lassen.

Welchen hellen Moment aus der letzten Zeit kannst du für die dunklen Tage in dir verankern?

13. <u>Juli</u>

Wann hast du das letzte Mal etwas gemacht, das dich herausfordert? Und dabei erlebt, wie die Welt größer und lebendiger wird?

Das Kind in uns liebt es, die Welt zu entdecken, Dinge auszuprobieren.

Es macht sich nichts daraus, dass manches nicht funktioniert und gelingt. Es glaubt daran, dass es einen Schritt nach dem anderen machen kann und irgendwann genau da ankommen wird, wo es hinwill.

Lass deine Neugier und deinen Mut größer sein als deine Befürchtungen. Oder die Sorge, einen Fehler zu machen, etwas nicht zu können. Darum geht es nicht. Es geht darum, lebendig zu sein.

14. Juli

Es gehört immer wieder Mut dazu, den
Kampf in uns und gegen uns zu beenden.

Aber am Ende erkennen wir, dass wir alles in
uns haben, um uns selbst bedingungslos lie-
ben zu können.
Und dass wir ein kraftvoller Schöpfer unseres Lebens sein dürfen.

15. <u>Juli</u>

Unser Herz schickt uns Impulse der Freude, des Glücks, der Lebendigkeit.

Je leiser die Stimme unseres Verstandes werden darf, desto mehr Raum geben wir der Stimme unseres Herzens.

Und den wunderbaren Botschaften, die sich den Weg zu uns bahnen wollen.

Welchen Impuls möchte dein Herz dir heute schicken?

16. <u>Juli</u>

Die Weisheit des Herzens lässt sich wissen-
schaftlich in 60.000 Nervenzellen und einem
großen elektromagnetischen Feld messen.

Erfahren lässt sie sich durch Freude, Liebe
und Mitgefühl. Und Fülle in jedem Moment
unseres Lebens.

17. <u>Juli</u>

Fühlst du dich manchmal wie ein Adler, der seine Schwingen nicht ausbreiten kann?

Der weiß, dass das Leben darauf wartet, ihn fliegen zu sehen, mit weit geöffneten Flügeln. Der noch so viele Landschaften seines Lebens zu entdecken hat.

Was hindert dich daran, deine Flügel auszubreiten und deine wahre Größe zu entdecken?

18. Juli

Das Alleinsein ist ein Raum in uns und unserem Leben, in dem unsere Essenz sichtbar wird.

In dem wir fühlen, wer wir wirklich sind. Schenke dir heute einen Moment ganz allein mit dir. Und fühle, wer du wirklich bist.

19. <u>Juli</u>

Wenn wir ins Tun kommen, gibt das unseren Träumen die Möglichkeit, den Weg in unser Leben zu finden.

Welche Träume möchtest du noch verwirklichen? Welche Schritte kannst du heute dafür tun?

20. Juli

Viel zu schnell vergessen wir, wie viel Wachstum es schon in unserem Leben gegeben hat.

All die Hindernisse, die wir mutig überwunden haben. Die Ausdauer und Disziplin, mit der wir Neues gelernt haben und in ein größeres Selbst hineingewachsen sind.

Wir können uns jeden Tag entscheiden, ob unser Leben Stillstand oder Wachstum sein soll.

Der erste Schritt für diese Entscheidung: Erlaube dir, auf deine Fortschritte zu schauen und stolz auf sie zu sein.

21. <u>Juli</u>

Jede kleine und große Freude, die wir uns selbst machen, ist ein Dünger für unsere innere Kraft.

Den meisten Menschen fällt es leicht, die To-do-Liste ständig zu verlängern und sich das Gefühl zu geben, nicht gut genug zu sein.

Aber die Freude an sich selbst ist eine Herausforderung. Ein ungewohntes Gefühl.

Wenn wir sie öfter in unser Leben einladen, schlägt sie sanfte Wellen und bringt Dinge in Bewegung, die unsere innere Freude in der Welt leuchten lassen.

22. Juli

Stell dir vor, dass du heute deinem jüngeren Ich begegnest. Deinem Ich vor 10 Jahren.

Was würdest du ihm gerne sagen, welche Botschaft mit auf seinen Weg geben? Wozu würdest du es gerne ermutigen?

Und dann erkenne all die Erfahrung und Weisheit, die du heute wie einen Schatz in dir trägst.

23. <u>Juli</u>

Der Stimme unseres Herzens zu folgen,
ist ein großes Abenteuer.

Wir begegnen uns selbst immer wieder neu.
Zuerst unseren Abgründen und Ängsten.
Die sich dann durch die Herzensenergie verwandeln. In Mut und Zuversicht. In Liebe
und Weisheit.

Und eines Tages erkennen wir die Verwandlung in uns. Und leben in ein neues Leben
hinein.

24. Juli

Ziele zu haben, fordert uns heraus. Ziele zu haben, schenkt uns Energie.

Ziele zeigen uns neue Wege in unserem Leben. Ziele lassen uns über uns selbst hinauswachsen.

Auf dem Weg zu unseren Zielen werden wir immer mehr wir selbst.

Welches Ziel darf in deinen Gedanken, deinem Herzen und in deinem Leben wieder mehr Raum bekommen? Und dich herausfordern, mehr du selbst zu sein?

25. <u>Juli</u>

Klarheit braucht Raum. Viel zu oft verlieren wir uns in der Geschäftigkeit des Alltags, den vielen Aufgaben und Anforderungen.

Unsere Wünsche und Ziele sind dann verborgen hinter dem Nebel unserer flüchtigen Gedanken und Tätigkeiten.

Schenk dir Klarheit. Damit du deinen Weg vor dir sehen kannst.

Halte inne und lausche den leisen und liebevollen Botschaften, die aus deinem Herzen kommen.

26. Juli

Welcher Mensch ist für dich gerade eine Herausforderung, nimmt immer wieder Raum in deinen Gedanken ein, löst Ärger in dir aus?

Welcher Mensch inspiriert dich im Moment, und lässt dich staunen, wie kraftvoll und reich ein Leben sein kann.

Beide Menschen sind ein Geschenk für dich. Sie zeigen dir etwas über dich selbst.

In ihnen erkennst du, was in dir noch verborgen ist. Und was darauf wartet, in dein Herz geschlossen zu werden.

27. Juli

Die größte Freiheit schenken wir uns selbst, wenn wir alles, was in unserem Leben geschieht, als Erfahrung ansehen. Als eine Erfahrung, die uns auf unserem Weg weiterbringt, aus der wir lernen können.

So verwandeln wir das, was uns geschieht, in einen Schritt auf unserem Weg. Und lösen Blockaden und Begrenzungen auf.

28. Juli

Die trüben Tage. Sie gehören dazu. Jede Wolke am Himmel unserer Gedanken hat ihre eigene Magie.

Weil etwas in uns weiß: Dass auch hinter dem Grau die Sonne scheint.

29. <u>Juli</u>

Alle Menschen kommen als perfektes und liebenswertes Wesen auf die Welt. Dieses Wesen gilt es, unter all den schmerzlichen Erfahrungen immer wieder neu in sich zu entdecken.

Und dann mit dem Gefühl ins Leben zu gehen: Ich bin gut, so wie ich bin.

Um ein Leuchtturm der Liebe in der Welt zu werden, der andere Menschen an diese Botschaft erinnert.

30. Juli

Starke Gefühle, die uns überwältigen, sind Botschaften der Vergangenheit. Sie haben mit dem, was ist, meist nur wenig zu tun.

Einsamkeit, Verletzung, Scham und Wut, die wie Wellen über uns zusammenschlagen. Sie stammen aus Situationen, in denen wir hilflos waren und dem Schmerz dieser Gefühle nicht entfliehen konnten.

Wenn wir innehalten und den Schmerz der Vergangenheit erkennen, können wir die Gefühle loslassen und frei werden für unsere unglaubliche innere Kraft.

Und darauf vertrauen, dass Heilung geschieht. Jeden Tag.

31. Juli

Kannst du deine eigenen Grenzen spüren
und dir Raum für dich nehmen?

Dafür ist es wichtig und notwendig, die eigenen Gedanken und Gefühle wahrzunehmen
und auf die Signale des Körpers zu achten.
Er ist der Übersetzer der Seele und unser
bester Ratgeber.

Wer seine eigenen Grenzen achtet und sich
Raum nimmt, bleibt in seiner Kraft. Und kann
sein Leben als seinen persönlichen Raum
gestalten.

August

1. August

Unsere Gedanken sind eines unserer kraftvollsten Werkzeuge.

Wenn wir sie uns bewusst machen, freundlich betrachten und dem Strom des Lebens überlassen, werden wir innerlich frei.

Frei von alten Überzeugungen und Glaubenssätzen, die nicht mehr zu uns passen.

Frei für neue Gedanken, die uns auf unserem Weg unterstützen und innerlich wachsen lassen.

Welchen alten Gedanken möchtest du heute loslassen? Und welchen neuen in dein Leben einladen?

2. <u>August</u>

Herzensziele brauchen viel Vertrauen, Geduld und Disziplin. Aber sie lassen uns über uns selbst hinauswachsen und schenken uns unglaubliche Erfahrungen. Die oft so viel wichtiger sind als das Ziel selbst. Weil wir auf diesem Weg uns selbst immer wieder neu begegnen.

Mein Traum, Bücher zu schreiben, hat viele Jahre in mir angeklopft. Und mir auf dem Weg zur Verwirklichung viele einzigartige und bereichernde Erfahrungen geschenkt.

Welches Herzensziel klopft in dir immer wieder an? Was kannst du tun, um ihm wieder einen Schritt näher zu kommen?

3. Augiust

Jeder Schmetterling geht den Weg durch die Dunkelheit. Er spürt die Enge und Begrenzung. Den Wunsch nach Weite und Leichtigkeit.

Wie oft mag er sich mutlos und müde fühlen? Aber eine geheimnisvolle Kraft schenkt ihm die Ahnung seiner Flügel.

Aus welchen Dunkelheiten in deinem Leben bist du schon beflügelt und mit mehr Leichtigkeit hervorgegangen?

4. <u>August</u>

Für Veränderungen, die wir uns für unser Wachstum und unsere Entwicklung wünschen, gibt es nicht „die Methode".

Es sind viele kleine Schritte auf dem Weg zu uns selbst. Manchmal leicht, manchmal mühevoll.

Wenn wir bereit sind, unsere Schritte auf unserem eigenen, einzigartigen Weg zu gehen, werden Wunder geschehen. Durch uns selbst. Aus der eigenen Mitte und Wahrheit heraus.

Welchen Schritt kannst du heute für dein einzigartiges Wachstum machen?

5. <u>August</u>

Der Wind des Wandels weht, wann er will.
Manchmal scheint das Leben stillzustehen.
Kein Lufthauch kommt. Nichts bewegt sich.

Bis der nächste Windstoß kommt. Vielleicht
nur sanft erfrischend. Oder alles herrlich
durcheinander wirbelnd.

Welcher Windstoß des Wandels täte deinem
Leben gut?

6. <u>August</u>

Immer wieder gilt es, das loszulassen, was
wir uns aus ganzem Herzen vorgenommen
haben.

Nicht, weil es falsch war. Es hat sich einfach
in etwas Neues verwandelt.

Jeder Traum, jeder Wunsch hat die Kraft,
uns voranzubringen. Etwas in uns zu bewe-
gen. Und etwas Wichtiges zu lehren.

Deshalb dürfen wir immer wieder loslassen,
damit die Verwandlung in das geschieht,
was wirklich werden will.

7. August

Unsere Weisheit kann sich nur entfalten,
wenn wir uns entspannen.

In der Entspannung öffnen wir die Tür zu unserem Unbewussten. Dort ist alles gespei-
chert, was wir für unser Wachstum brauchen.

Schenk dir heute eine Zeit der Entspannung.
Und öffne die Tür zu deiner inneren Weisheit
und deinem persönlichen Wachstum.

8. August

Schick deine Seele heute in die Hänge-
matte, lass sie durchatmen und auf die Wellen der Gedanken lauschen.

Erkenne, dass diese Wellen kommen und
gehen und tief darunter ein Ozean der Liebe
verborgen ist.

Je stiller es in dir wird, desto tiefer kannst du
in ihn eintauchen.

9. <u>August</u>

Es tut so gut, wenn wir uns mit den Kräften
und Energien der Natur verbinden. Uns einen bewussten Spaziergang oder einen
Blick in den Garten schenken.

Dann können wir teilhaben an magischen
Prozessen der Verwandlung. Und werden
tief in uns verstehen: Alles ist Wachstum und
Entfaltung.

Wir erkennen, was in uns schon so lange darauf wartet, sich der Welt zu zeigen.
Damit sie immer bunter und zauberhafter
werden darf.

10. August

Je mehr unsere Aufmerksamkeit und Wahrnehmung im Außen ist, desto weiter entfernen wir uns von uns selbst.

Wachstum und Heilung geschehen von innen nach außen. Wenn wir uns mit unserer inneren Wahrheit verbinden, nehmen wir Botschaften des Herzens wahr und gehen mit Kraft und Klarheit unseren Weg.

Nimm dir heute Zeit und verbinde dich mit dir und deiner inneren Wahrheit. Gehe in dein Inneres und lass die äußere Welt für eine Weile los.

11. <u>August</u>

Herzenswärme. Das ist das, was jeder Mensch am nötigsten braucht.

Nicht Kritik und Bewertung, gutgemeinte Ratschläge und scheinbar optimale Lösungen.

Welcher Mensch schenkt dir Herzenswärme? Und wem kannst du sie heute geben?

12. <u>August</u>

Beziehungen sind die Königsdisziplin im Leben. Unser Seelenspiegel.

In ihnen durchlaufen wir Höhen und Tiefen. In ihnen erkennen wir, wie viel Licht und Schatten in uns ist. Durch sie erleben wir Liebe und Verbundenheit, Ärger und Einsamkeit.

Alles hat einen Platz. Nirgendwo sonst ist das Leben so hoch und so tief. Nirgendwo sonst erkennen wir so viel über uns selbst.

Was kannst du im Moment in deinen Beziehungen über dich erkennen?

13. <u>August</u>

Manchmal schaukelt der Ast meines Lebens unter mir im Wind des Wandels.

Dann breite ich meine Flügel aus und lasse mich weitertragen.

Und sehe im Fliegen: Meine Welt ist viel grö-ßer, als ich dachte.

14. <u>August</u>

Es gibt Anteile und Seiten an uns, die sind wie eine alte Haut. Wir engen uns in ihnen ein, begrenzen uns.

Mit alten Glaubenssätzen, Ängstlichkeiten und Vorurteilen.

Wenn wir die Enge darin spüren, ist es Zeit, die alte schützende Haut loszulassen.

Und weiter in die eigene Größe hineinzuwachsen.

15. August

Wie gehst du morgens in den Tag?
Gibst du deiner Seele Zeit und Raum, mit dir
zu sprechen?

Meist spricht sofort der Verstand, wenn wir
aufwachen. Erinnert uns an unsere Pflichten,
äußert seine Befürchtungen und ermahnt
uns, alles gut zu machen.

Schenk dir selbst Raum für die Seele:
Richte den Fokus auf deinen Herzbereich.
Atme bewusst dorthin und spüre nach, welcher liebevolle Impuls für den Tag sich dort
meldet.

16. <u>August</u>

Wir leben viel zu oft mit dem Gefühl, unser
Tag bestehe vor allem aus einem „Müssen".

1000 Dinge, die wir erledigen müssen.
Ansprüchen, denen wir genügen müssen.
Unseren eigenen und denen der Anderen.

Es lohnt sich zu fragen, was wir wirklich da-
von müssen.

Dann erkennen wir die innere Freiheit in uns.
Und die Möglichkeit, selbstbewusst zu entscheiden, was wir wollen und was uns guttut.

17. <u>August</u>

Eine Schicht in uns ist zart und zerbrechlich. Sie sollte eingebettet sein zwischen Behutsamkeit mit uns selbst und einem wärmenden Mitgefühl des Herzens.

Diese Zartheit und Zerbrechlichkeit macht uns liebenswert. Nicht das Starke und Undurchdringliche, das Andere auf Abstand hält.

Wie liebenswert findest du das Zarte und Zerbrechliche an dir? Wie behutsam gehst du selbst damit um?

18. <u>August</u>

Wenn etwas in unserem Leben nicht funktioniert, fangen wir an, nach Fehlern zu suchen.
Bei uns, bei den Anderen, beim Leben
selbst.

Dahinter verbirgt sich oft die Frage nach der
Schuld. Nach der Ursache.

Vielleicht geht es stattdessen darum, das
Fehlerhafte im Leben einfach anzunehmen.

Und die Fragen nach Fehlern und Schuld
immer weiter hinter uns zu lassen.

19. <u>August</u>

Manchmal müssen wir unser Leben ausdehnen. Den Raum um uns weiten.

Weil wir selbst gewachsen sind. Aus uns selbst heraus.

Dann wartet etwas Neues auf uns. Und wir brauchen nur den Mut für den nächsten Schritt.

20. <u>August</u>

Unsere wichtigste Aufgabe ist es, von innen nach außen zu leben, uns immer mehr mit unserer Intuition zu verbinden.

Und liebevoll und freundlich unsere Gedanken wahrzunehmen.

Um unser Leben so sanft und sicher in eine positive Richtung zu lenken.

21. <u>August</u>

Wir brauchen andere Menschen, um uns zu entfalten.

Manche, die wie eine warme Sonne für uns sind. Uns mit Wärme und Licht durchströmen.

Und andere, die wie Wind und Regen sein können. Uns herausfordern, an unsere Grenzen zu gehen.

Beides lässt uns wachsen. Beides ist wichtig.

Welcher Mensch ist für dich gerade wie Wind und Regen. Was wächst dadurch in dir?

22. <u>August</u>

Vertraust du dir selbst? Den leisen Zeichen und Botschaften in dir?

Viel zu oft gehen wir über sie hinweg. Glauben ihnen nicht. Sondern der lauten Stimme des Verstandes.

Achte heute auf die leisen Zeichen, die deine Herzintelligenz dir schickt.

Und lass dich überraschen, wie viel bunte und erfrischende Wahrheit in ihnen steckt.

Erlaube dir, sie nicht zu vergessen und wie einen Schatz in dir zu hüten.

23. <u>August</u>

Stell dir vor, dass jeder Tag des Jahres eine Perle auf der Kette deines Lebens ist.

Eine Perle reiht sich an die andere. Jede ist einzigartig und trägt ihren Teil zur vollkommenen Gesamtheit bei.

Sieh den heutigen Tag als Perle auf der kostbaren Kette deines Lebens.

Und schenke ihm deine Wertschätzung und Aufmerksamkeit.

24. <u>August</u>

Wenn wir uns selbst näherkommen wollen,
gibt es viele Wege.

Ein Weg ist das Gespräch mit einem anderen Menschen, der dir nahesteht. Dem du
von dir erzählst, von dem, was dich gerade
bewegt und berührt.

Den du mit-fühlen und Anteil nehmen lässt.
Wenn er dich sehen und fühlen darf, dann
wirst du in ihm etwas über dich erkennen.

Hast du den Mut, diesen Weg zu gehen und
einem anderen Menschen dein Herz zu öffnen? Wer könnte das für dich sein?

25. <u>August</u>

Ärger ist ein Gefühl, das uns hilft, uns abzu-
grenzen, etwas zu verändern.
Wie ein kleines Gewitter sorgt es für Blitz
und Donner und erfrischenden Regen. Und
lässt Neues wachsen.

Viele Menschen haben Angst vor diesem
Gewitter, unterdrücken es und zeigen sich
lieber nur von ihrer Sonnenseite.
Damit blockieren sie eine gesunde und na-
türliche Energie in sich.

Wo unterdrückst du deinen Ärger aus Angst
vor einem Gewitter in deinem Leben?
Wo könnte er dir helfen, dich klarer abzu-
grenzen und neue Schritte zu gehen?

26. <u>August</u>

Alte Bilder von uns, die wir in uns tragen. Die nicht mehr wir selbst sind. Ein vergangenes Ich. Bilder, die uns zuflüstern, dass wir immer noch nicht gut genug sind.

Dabei ist es schon lange da: Unser neues Ich, das dem Weg des Herzens folgt. Andere Menschen berührt und Veränderung bewirkt.

Lass sie los diese alten Bilder. Und nimmt die Freiheit wahr, die auf dich wartet. Fühl das neue Gefühl in dir und lass es immer weiter aus dir selbst auftauchen.

Erlaube der Liebe zu dir selbst, sichtbar zu werden. Damit das Alte, das dich blockiert, sich endlich auflösen kann.

27. <u>August</u>

Was wäre, wenn für einen Tag dein inneres Kind die Hauptperson in deinem Leben sein dürfte?

Wenn du es nicht aus den Augen und deinem Herzen verlierst. Alles daran misst, wie es ihm geht und was es gerade braucht?

Nimm es an die Hand und schau die Welt heute mit seinen Augen an. Bleibe in Kontakt mit ihm.

Und spüre die tiefe Lebendigkeit, Freude und Leichtigkeit, die sich dann in dir ihren Weg bahnen.

28. Au̱gu̱st

Immer wieder begegnen uns in unserem Leben neue Menschen, die etwas in uns zum Schwingen bringen. Zu denen es eine besondere Verbindung gibt.

So können wir das Leben immer wieder aus einer neuen Perspektive sehen, neue Blickwinkel und Erfahrungen kennenlernen. Und Verbindung und Zugehörigkeit erleben.

Welcher neue Mensch in deinem Leben hat in letzter Zeit in dir etwas ins Schwingen gebracht?

29. Augus<u>t</u>

In dir gibt es einen Raum der Stille und der Weisheit. Seine Tür lässt sich jederzeit öffnen.

Du kannst ihn betreten, indem du deine Gedanken freundlich wahrnimmst und einfach vorüberziehen lässt.

Und dann deine Aufmerksamkeit immer mehr bei dir ankommen lässt. Sie zu deinem Atem, deinem Körper und dann nach innen in deinen Herzraum lenkst.

Dort begegnen dir Liebe, Weisheit, Mitgefühl und Freundlichkeit. Mit jedem Atemzug dehnen sie sich in dir aus.

Dann spürst du: Ich bin angekommen in meinem inneren Raum.

30. <u>August</u>

In jedem Menschen begegnet dir auch das Kind, das er einmal war.

Der unschuldige und leuchtende Teil in uns allen, der durch emotionale Verletzungen immer mehr verdeckt wird.

Im Anderen dieses Kind zu entdecken, bedeutet auch, sein Herz für Liebe und Mitgefühl in sich selbst zu öffnen.

Welchem Menschen in deinem Leben kannst du heute den Blick auf sein inneres Kind schenken?

Und damit Liebe und Mitgefühl in dein und sein Leben bringen?

31. <u>August</u>

Unsere Seele liebt die Stille. Sie liebt es, leise zu atmen und das Wunder des Lebens durch sich hindurchfließen zu lassen.

So wird sie immer mehr eins mit der Essenz des Lebens.

Wann kannst du deiner Seele heute bewusst einen Moment der Stille und des Atmens schenken?

Und dich so mit der Essenz in deinem Leben verbinden?

September

1. <u>September</u>

Vor uns selbst können wir nicht weglaufen.

Auch wenn wir das immer wieder versuchen: Uns selbst aus dem Weg gehen, uns überhören und übersehen.

Aber wir nehmen uns überallhin mit. Unser Licht und unseren Schatten. Unsere Wünsche, Hoffnungen und Sehnsüchte.

Und irgendwann ist der Punkt da, an dem wir erkennen, dass wir bei uns selbst und im Leben ankommen dürfen. Mit allem, was wir sind.

Sobald wir uns selbst in Liebe die Hand reichen.

2. <u>September</u>

Hast du in den letzten Tagen positiv über dich selbst gedacht, dich ermutigt und gelobt?

Bist du dir selbst mit Wertschätzung begegnet oder warst du streng und kritisch mit dir?

Sei heute selbst dein bester Freund und schaue liebevoll und freundlich auf dich.

Dann geschieht das Wunder der Verwandlung in dir. Und das Schwere wird plötzlich leicht.

3. <u>September</u>

Du bist wertvoll! Nicht durch das, was du tust, leistest, denkst oder erreichst.

Du bist wertvoll durch dein Sein. Durch deine einzigartige Essenz, die wie ein Stern am Nachthimmel schimmert.

Sage dir heute immer wieder: Ich bin wertvoll und wundervoll. Und erkenne den leuchtenden Stern in dir.

4. <u>September</u>

Sei heute wie das Meer. Lebe in deinem Rhythmus. Lass die Wellen deiner Gedanken kommen und gehen.

Tauche ein in den Grund deines Seins. Und entdecke dabei die magischen Schätze in dir.

Welchen Schatz möchtest du gerne in dir entdecken und ihm Raum in deinem Leben geben?

5. September

Wann hast du dich das letzte Mal selbst be-
schenkt? Dir einen Wunsch erfüllt, dich
selbst überrascht mit einem kleinen oder
großen Moment der Freude und des
Glücks?

Beschenke dich heute selbst. Feier dich, weil
du ein einzigartiges Geschenk an die Welt
bist.

6. September

Liebe will fließen, wie ein Fluss, der seinen Weg ins Meer sucht.

Die Quelle der Liebe ist die Erkenntnis, dass wir selbst vollkommene Liebe sind. In jeder Zelle unseres Seins. Wenn wir uns mit dieser Quelle verbinden, beginnt es in uns wie von selbst zu fließen.

Die Liebe zu uns, zu anderen Menschen und zum Leben wird immer größer. Und sie ist und bleibt untrennbar mit uns verbunden.

Sei dir selbst eine Quelle der Liebe. Und fließe in die Welt hinaus.

7. September

Wenn wir unsere Gefühle in uns verdrängen und dadurch festhalten, werden wir unbewusst.

Wir erstarren in Gefühllosigkeit, verlieren unsere Lebendigkeit.

Gefühle wollen gefühlt werden. Dann ziehen sie weiter und in uns erwacht eine neue Kraft.

Welche Gefühle hast du ausgesperrt? Wo bist du dir selbst und dem Leben gegenüber gefühllos geworden?

8. September

Uns selbst zu entdecken – das ist die größte Reise unseres Lebens.

Jeder Schritt auf diesem Weg bringt uns näher zu uns. Wenn wir das wollen.

Werde dir deiner Selbst bewusst, erkenne und erlebe dich. Und fang an, über die Wunder in dir und deinem Leben zu staunen.

9. September

Wenn es eine liebevolle höhere Energie gibt, dann ist das Schlimmste, was wir ihr antun können, uns selbst zu verurteilen. Uns selbst abzulehnen.

Denn diese höhere Energie liebt uns so, wie wir sind. Und ihr Wunsch für uns ist es, dass wir uns selbst liebevoll durch dieses Leben begleiten.

Wo kannst du dir selbst mehr Liebe entgegenbringen und dich selbst weniger verurteilen?

Um so dein wahres Selbst sichtbarer werden zu lassen.

10. September

So lange wir das Leben als Kampf sehen, können wir nur verlieren.

Wir verlieren den Kontakt zu uns, die Verbindung zu Anderen und bleiben Gefangene in uns selbst.

Wo kannst du den Kampf in deinem Leben beenden? Und dich damit selbst befreien.

11. <u>September</u>

Auch das Gute, das auf uns wartet, braucht unsere Entscheidung, es in unser Leben zu lassen.

Wo hast du die Entscheidung für das Gute in deinem Leben vielleicht noch nicht getroffen? Was brauchst du dafür?

12. <u>September</u>

Wahres Licht leuchtet nur da, wo wir unsere Dunkelheiten ins Herz schließen.

Wir verdunkeln das helle und warme Licht in uns durch alte Ängste, ungelebte Trauer, schmerzliche Wut und verhärtete Enttäuschungen.

Welche deiner Dunkelheiten wollen in dein Herz geschlossen werden? Damit dein Licht immer heller leuchten kann.

13. <u>September</u>

Tiefe emotionale Schmerzen und Reaktionen kommen immer aus der Kindheit.

Wenn ein anderer Mensch dich mit seinen Worten, seinem Verhalten verletzt, trifft er dein inneres Kind.

Erlaube dir, den Schmerz zu spüren, damit er sich auflösen kann. Und schenke dir selbst damit Wertschätzung und Sicherheit.

14. September

Wer bin ich? Stellst du dir diese Frage auch manchmal? Sie ist nicht so einfach zu beantworten. Nach den ersten Antworten meldet sich ein großes Fragezeichen, weil man merkt, dass das irgendwie noch nicht alles sein kann.

Wer sind wir außerhalb all unserer ganzen Rollen und Bilder, die wir von uns selbst haben?

Es lohnt sich immer wieder, dieser Frage nachzugehen, auszuhalten, dass es keine fertige Antwort darauf gibt. Damit wir Suchende bleiben, uns nicht zufriedengeben mit dem, was ist.

Denn da ist noch viel mehr in uns, als wir ahnen. Und es kann nur zum Vorschein kommen, wenn wir alle Vorstellungen von uns loslassen. Uns immer wieder neu entdecken.

15. <u>September</u>

Lange bin ich mit dem Ziel und der Idee durchs Leben gegangen, dass alles gut wird.

Bis mir klar wurde, dass das heißt: Es ist noch nicht gut. Wie viel heilsamer und ent-lastender ist der Gedanke: Alles ist gut.

So kann ich darauf vertrauen, dass ich ge-nau am richtigen Platz bin und das lerne, was ich gerade brauche. Immer mehr er-kenne, welche Fülle da ist – in mir und um mich herum.

Und mir damit ein Gefühl der Zu-Frieden-heit schenke und der Wertschätzung. Und damit der Liebe für mich selbst.

16. <u>September</u>

Schenk der Welt und dir selbst heute dein Lächeln.

Wenn wir lachen, wird die Lungenfunktion verbessert, das Gehirn bekommt eine Sauerstoffdusche und es werden 17 Muskeln im Gesicht aktiviert. Es werden Glückshormone ausgeschüttet und Stresshormone abgebaut.

Wenn dir nicht zum Lachen ist, dann denke an etwas, über das du schon mal herzhaft lachen musstest. Und fang den Tag so mit einem Lächeln an.

Schau in den Spiegel und lächle den wichtigsten Menschen in deinem Leben an: Dich selbst.

17. <u>September</u>

Wir wollen von anderen Menschen gehört werden. Aber immer wieder werden wir überhört, übersehen, nicht beachtet.

Dann geht es nicht darum, lauter zu werden. Sondern stiller und klarer in sich selbst. Damit die eigene innere Kraft sich sammeln und bündeln kann.

Das geschieht, wenn wir auf unsere Stärken schauen, den liebevollen Blick auf uns selbst wagen.

Und diese innere Kraft ins Außen fließen lassen. Mit der wir uns aufrichten und klar und deutlich sprechen. Für uns selbst. Und das, was uns wichtig ist.

18. <u>September</u>

Immer wieder lohnt es sich, innezuhalten
und sich einen Rückblick zu schenken.

Weil wir so oft den Reichtum in unseren Tagen und Wochen übersehen oder schnell
wieder vergessen.

Welche Samen hast du gesät und was ist daraus geworden? Welche Früchte hat dieses
Jahr dir schon gebracht?

19. <u>September</u>

Ich lasse heute alle Erwartungen los.
Erwartungen an mich selbst.

Erwartungen an Andere.
Erwartungen an das Leben.

Ich lasse los und gebe mich der Freiheit hin,
das geschehen zu lassen, was mir heute guttut.

20. <u>September</u>

Was würde deine Seele dir mitteilen, wenn sie dir einen Brief schreiben würde. Heute und jetzt?

An welche Träume würde sie dich erinnern, wo würde sie dich ermuntern, deinen Herzensweg zu gehen und nicht mehr länger auf den richtigen Moment zu warten?

Bestimmt hätte sie auch viele liebevolle Botschaften für dich und würde dir vor allem sagen: Tu das, was dir Freude macht. Und glaube an dich.

21. <u>September</u>

Morgens aufwachen und mit den Gedanken
in den Tag gehen: Es ist alles da, was ich
brauche. Das Leben unterstützt mich. Ich bin
einzigartig und ein Geschenk an die Welt.
Mein Herz kennt meinen Weg und leitet
mich.

Welche Energie nimmst du dann für dich
mit? Was wird möglich?

22. <u>September</u>

Der Weg zu unseren Herzenszielen ist wie
eine Pilgerreise. Es gibt wunderschöne Weg-
strecken mit atemberaubenden Ausblicken.

Und es gibt Abschnitte, die sind mühsam
und herausfordernd. Erscheinen uns manchmal sinnlos.

Aber genau diese Abschnitte bringen das in
uns hervor, was wir für diese Herzensziele
brauchen: Mut, Kraft und Vertrauen.

Welches Herzensziel fordert dich gerade
heraus? Was hat es schon in dir hervorge-
bracht?

23. September

Sich selbst nicht mehr zurückhalten mit der Freude an sich selbst.

Das erlöst uns aus einer inneren Unbeweglichkeit im Leben. Die uns klein macht und zurückhält.

Sich an sich selbst zu freuen und an dem, was wir tun, was uns gut gelingt, was unsere Talente sichtbar macht. Das ist wie ein Bad im inneren Sonnenlicht unserer Seele.

Wo hältst du die Freude an dir noch zurück? Wo kannst du ihr endlich mehr Raum geben?

24. <u>September</u>

Jeder neue Gedanke ist wie der Beginn eines neuen Weges.

Wählen wir einen positiven Gedanken, wird er uns an das weite Meer der Liebe führen.

Und dort einen Blick auf die unendlichen Möglichkeiten schenken, die darauf warten, von uns entdeckt zu werden.

Welcher Gedanke soll dir heute den Weg an das Meer deiner Möglichkeiten weisen?

25. September

Dankbarkeit ist wie eine leise plätschernde Quelle in uns. Wir können uns jederzeit an ihr erfrischen.

Und unsere inneren Landschaften durchströmen lassen von neuer, kraftvoller Energie. Sobald wir unsere Aufmerksamkeit bewusst auf die Kraft der Dankbarkeit in uns richten, setzen wir eine Energie frei, die uns über uns selbst hinausträgt.

Richte für einen Moment deine Aufmerksamkeit auf die Dinge, für die du gerade dankbar bist. Nimm das Gefühl wahr, dass du spürst. Und erlaube ihm, sich immer weiter auszudehnen.

Damit die Quelle in dir dich mit neuer Kraft durchströmen kann.

26. <u>September</u>

Fragen können wie ein Windstoß sein, der uns an einen neuen Ort trägt. An dem wir Dinge aus einer ganz neuen Perspektive sehen können.

Fragen öffnen Türen in uns. Sie schenken uns Ausblicke auf das Neue, das noch auf uns wartet.

Auf die ungelebten Möglichkeiten und Anteile, die noch in unser Leben hineinwollen. Welche Frage beschäftigt dich im Moment am meisten?

Wohin könnte sie dich tragen, was für neue Möglichkeiten eröffnen, wenn du bereit bist, die Antwort, die darin enthalten ist, zu dir kommen zu lassen?

27. <u>September</u>

Eigene Grenzen sind wichtig, um in unserer Kraft zu bleiben.

Dazu müssen wir diese Grenzen in uns erst einmal spüren. Uns die Erlaubnis geben, sie zu erkennen und ernst zu nehmen.

Unsere Grenzen schützen uns. Sie sorgen für Klarheit. Wir selbst sind dafür verantwortlich, dass sie von anderen nicht übertreten werden.

Indem wir klar und deutlich machen, wo sie überschritten werden.

Durch diese Grenzen werden wir spürbar und sichtbar. Wir bekommen ein eigenes Profil. Manchen wird das gefallen. Anderen nicht.

Wie gut kannst du deine Grenzen wahrnehmen? Wo darfst du sie deutlicher machen und sorgst so besser für dich selbst?

28. September

Kinder probieren noch vieles aus. Sie entdecken die Welt voller Neugier, sehen das Universum an Möglichkeiten, das vor ihnen liegt. Und die Möglichkeit, immer etwas dazuzulernen.

Im Lauf der Zeit geht dieser Entdeckergeist in uns verloren. Er verschwindet unter dem Gefühl, nicht gut genug zu sein, alles perfekt können zu müssen.

Dabei gibt es noch so viel zu entdecken. So viel Möglichkeiten, sich selbst und die Welt immer wieder neu kennenzulernen.

Wo könntest du deinem Entdeckergeist wieder mehr Raum geben. Und dir erlauben, ganz unperfekt und neugierig etwas Neues auszuprobieren?

29. <u>September</u>

Auf die meisten Fragen gibt es mehr als eine Antwort. Und viele Wege führen uns weiter zum Ziel.

Es tut gut, erst einmal die vielen Möglichkeiten einzusammeln, mit Anderen zu sprechen, die Sichtweise zu erweitern.

Um dann aus der Vielfalt der Möglichkeiten heraus die Antwort auszusuchen, die für den Moment die richtige ist.

Und zu erleben, dass wir entscheiden und gestalten dürfen. Aus der Vielfalt der Antworten.

Für welche Frage könntest du neue Möglichkeiten einsammeln?

30. <u>September</u>

Es gibt Orte, an denen wir uns zu Hause fühlen, an denen unser Herz sich tief verbunden
weiß.

Wir brauchen diese Orte, um immer wieder
bei uns selbst anzukommen.

Wir dürfen sie schätzen und immer wieder
neu für uns entdecken.

An welchen Orten fühlt dein Herz sich verbunden? Was macht sie so besonders für
dich?

Ich wünsche dir, dass jeder Tag in diesem Jahr dich näher zu dir selbst führt.

Und zu einer wunderbaren Freundschaft mit dir selbst.

Meinen Blog, Bücher und Online-Kurse findest du auf:
www.alexandracordes-guth.de

Wenn du dir weitere Gute Gedanken für jeden Tag wünschst: Es gibt die Tagestexte auch für die anderen Monate des Jahres.

Band 1 – Januar bis März - Innehalten

Band 2 – April bis Juni - Aufblühen

Band 3 – Juli bis September – In Fülle leben

Band 4 – Oktober bis Dezember – Innere Kraft

Zu vielen Tagestexten gibt es auch Videos auf meinem You Tube Kanal unter Alexandra Cordes-Guth – Gute Gedanken für den Tag.

Und wenn du mehr von mir lesen möchtest:

Dieses Buch hilft dir, eine liebevolle Freundschaft mit dir selbst zu beginnen und echte **Selbstliebe** zu entwickeln. Die **Glückskind-Strategie** zeigt dir, wie du deine Selbstzweifel überwindest, deinen inneren Kritiker leiser werden lässt und dein volles Potenzial entfaltest.

https://alexandracordes-guth.de/buch-die-glueckskindstrategie/